2 Juin 1911

Retirés faute
d'enchères

VENTE

DU VENDREDI 2 JUIN 1911

HOTEL DROUOT - SALLE N° 8

A 4 HEURES PRÉCISES

EXPOSITION PUBLIQUE

LE JEUDI 1er JUIN 1911

DE 2 HEURES A 6 HEURES

Trois Meubles Louis XVI

COMMISSAIRE-PRISEUR

Mᵉ GUSTAVE COULON
12, Rue de La Victoire, 12

Assisté de M. LUCIEN KLOTZ
18, Boulevard de Strasbourg, 18

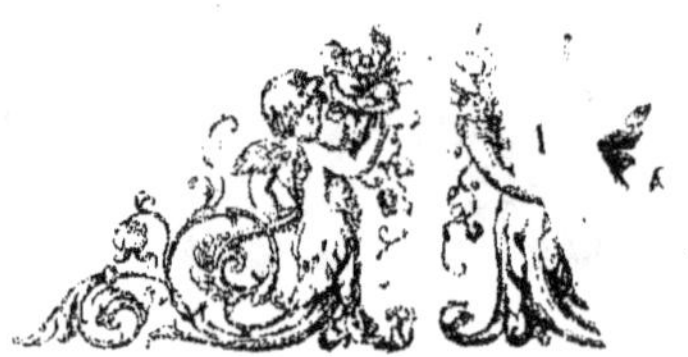

IMPRIMERIE
C. CHAUFOUR
6-8, RUE MILTON
PARIS

CATALOGUE

DE

TROIS MEUBLES

LOUIS XVI

DONT LA VENTE AUX ENCHÈRES PUBLIQUES

AURA LIEU

HOTEL DROUOT - SALLE N° 8

Le Vendredi · 2 Juin 1911

A QUATRE HEURES

COMMISSAIRE-PRISEUR	ASSISTÉ DE
Mᵉ GUSTAVE COULON	M. LUCIEN KLOTZ
12, Rue de la Victoire, 12	18, Boulevard de Strabourg, 18

EXPOSITION PUBLIQUE

LE JEUDI 1ᵉʳ JUIN 1911, DE 2 HEURES A 6 HEURES

CONDITIONS DE LA VENTE

Elle sera faite au comptant.

Les acquéreurs paieront *dix pour cent* en sus des enchères.

L'exposition mettant le public à même de se rendre compte de l'état et de la nature des meubles, il ne sera admis aucune réclamation une fois l'adjudication prononcée.

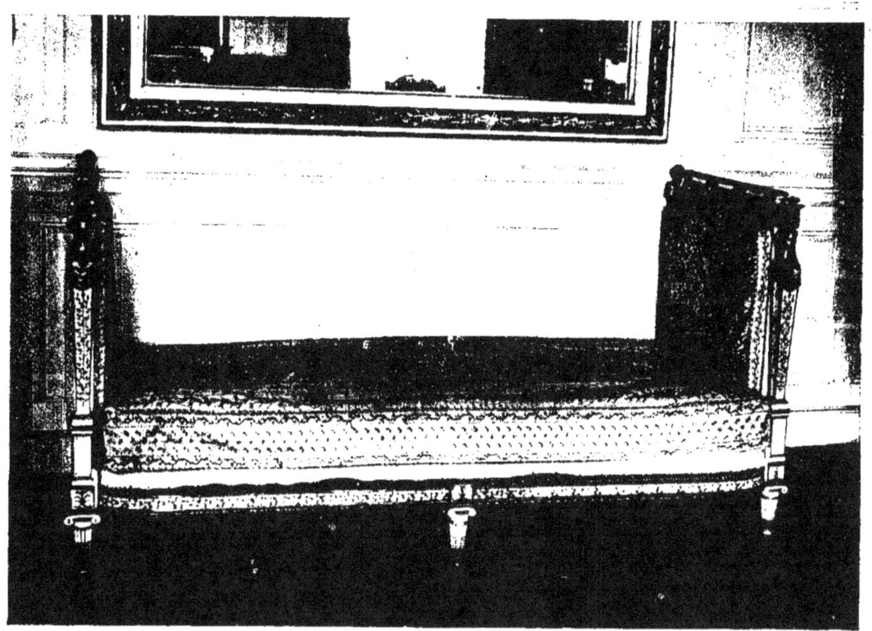

I. — LIT DE REPOS

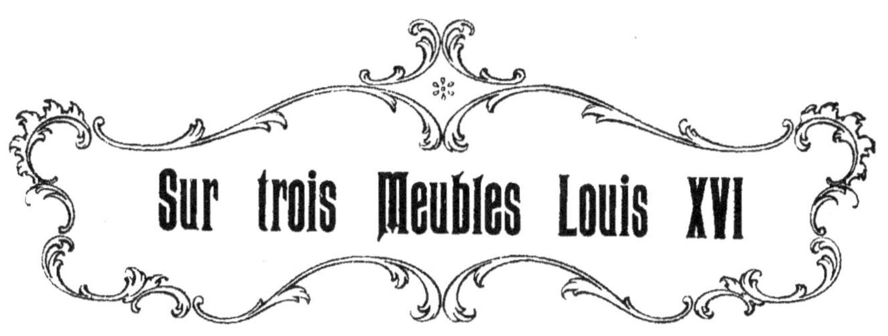

Sur trois Meubles Louis XVI

Articles extraits de *La Revue Artistique*
et des journaux *La Presse* **et** *La Patrie.*

UAND, grâce aux découvertes espagnoles, les bois des îles commencèrent à entrer en Europe, leurs prix de revient étaient tels qu'on ne songea pas à les utiliser autrement que pour l'ornementation.

Mais la valeur intrinsèque de la matière faisait délaisser les préoccupations artistiques. On disait : « c'est de l'acajou », comme on dirait : « c'est de l'or ». Cela explique que les premiers meubles d'acajou, ébène et palissandre étaient aussi dénués de souci esthétique que les alliances en or de nos mères-grands.

Le premier, peut-être, Poulle s'aperçut que le vieux chêne druidique, le généreux noyer, l'orme noueux, voire même ce parpaillot de hêtre, tous produits du cher sol de France, étaient plus malléables, mieux sculptables et surtout de meilleur goût que le nègre acajou, l'odorant palissandre et la négresse ébène.

L'élan était donné. On s'aperçut bien vite que la maison de l'homme bien né avait autant besoin de beauté que sa vie de confortable et son âme de vertu.

Jusqu'à la Révolution, il y eut chez les maîtres-menuisiers, devenus maîtres ès-ébénisterie, de vives et belles émulations. Il y eut aussi des colères : on alla jusqu'à citer devant le tribunal des jurandes des ébénistes qui, sortis

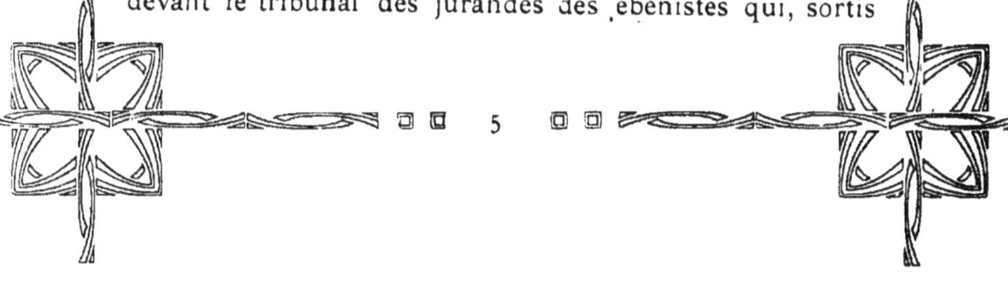

tout velus de la Forêt-Noire, avaient su captiver les faveurs royales.

Cette circonstance suffirait à expliquer pourquoi beaucoup de meubles de l'époque Louis XVI ne sont pas signés. C'est que leurs auteurs n'avaient pas encore obtenu la maîtrise. De plus, des maîtres réputés ont souvent négligé de signer leurs œuvres. Ils estimaient que leur renommée les dispensait de cette manifestation de vanité. C'est regrettable : c'était de leur part fierté ou orgueil. Mais passons. Nous ne pataugeons pas ici dans la couleur humide. Nous sommes sur du bois assez résistant pour ne s'être pas laissé outrager par des faussaires.

❧ ❧ ❧

Grâce à l'émulation que je rappelle ci-dessus, on vit de simples ébénistes rivaliser avec les sculpteurs et les ciseleurs et remplacer les appliques de bronze et de cuivre par le bois sculpté et ciselé. C'est ce tour de force qui est réalisé dans les meubles dont je mets sous les yeux du lecteur des images aussi fidèles que possible.

Voyez cette femme couchée qui tient une corne d'abondance! N'est-ce pas de l'art très simple et très fort qui dénote le sentiment uni à la science? L'ensemble de ces meubles a demandé une grande imagination pour la conception, un soin méticuleux pour l'exécution et un infini souci des moindres détails.

On m'a dit ceci : « Dans la tourmente révolutionnaire, bien des meubles de haut style ont disparu des demeures royales et féodales. Allez à Versailles, vous verrez que, dans les petits appartements de la reine Marie-Antoinette, manque certainemennt. par exemple dans le boudoir, un lit de repos dont l'emplacement semble avoir été fait pour le lit que vous nous présentez, ou *vice-versa*, le dit lit pour le dit emplacement... »

Je reviens de Versailles; j'en rapporte, sinon des preuves, du moins de très grandes présomptions que ces meubles pourraient sortir des petits appartements de la reine.

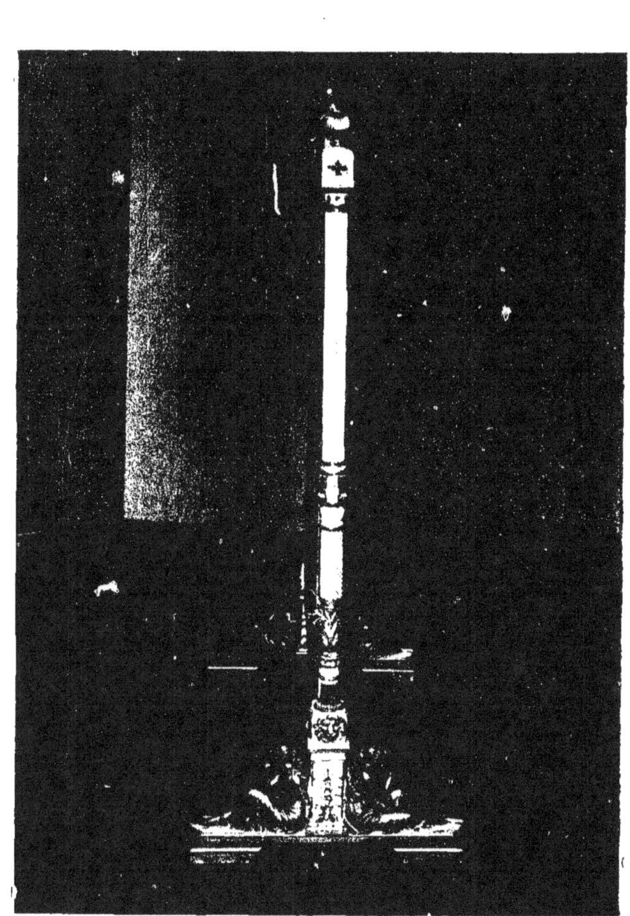

2. — ÉCRAN VU DE PROFIL

L'indication qu'on m'avait donnée n'est peut-être qu'une supposition, une hypothèse, mais en tous cas une hypothèse très admissible. J'ai comparé le chiffre de Marie-Antoinette gravé sur les ferrures de ses appartements avec le chiffre que l'on peut voir dans l'écusson du fauteuil et sur l'écran que je présente. Les lettres sont identiques. La tapisserie, adornée de fleurettes, est la même.

Le style est incontestablement de la meilleure période Louis XVI.

A première vue, des critiques, non assez avertis, pourraient prétendre que les sphinx ailés ornant le fauteuil sont de style empire. Mais le très érudit conservateur du musée, M. Pierre de Nolhac, m'a autorisé à affirmer qu'il possède la preuve certaine que ces dessins datent de 1783. Du reste, la table qui orne le milieu du petit salon de la reine a, dans ses quatre pieds, des cariatides similaires.

Il apparaît donc bien que nous nous trouvons en face de meubles d'un puissant intérêt non seulement artistique, mais historique.

En la matière, l'hypothèse d'un truquage, aussi habile qu'intéressé, ne tient pas debout. L'étrange coïncidence qui fait que ces meubles manquent exactement à l'endroit où ils devraient être, suffirait à la détruire.

Avec l'extrême réserve que ses fonctions lui imposent, un haut fonctionnaire ne peut donner d'indications précises sur les moyens de dissiper les derniers doutes pouvant exister.

Mais il y a beau jour que A. de Champeaux a signalé le danger résultant de trop d'hésitation de la part des Français. Dans son ouvrage, intitulé « Le Meuble », il écrivait ces lignes que je livre à la méditation d'un chacun et de tous :

« ..... Le goût des meubles anciens s'est développé dans des proportions inattendues. Les amateurs les recherchent de toutes parts et ne craignent pas de les acquérir à des sommes énormes qu'atteignaient seuls autrefois les chefs-d'œuvre des plus grands maîtres. Ce ne sont plus seulement les amateurs, mais aussi les curieux et le gens du monde qui tiennent à les posséder. En outre des grandes collections que nous avons citées dans ce volume, on peut en citer de nouvelles tout aussi riches qui se sont formées récemment, celles entre autres de M. de Castellane, de MM. Kahn et de M. de Camondo. Mais ils rencontrent des rivaux redoutables en Amérique et nombre des plus belles pièces ont traversé l'Atlantique après avoir été acquises à coups de dollars.

« L'art français vient encore de subir une perte irréparable par suite de la donation faite au gouvernement anglais des incomparables richesses réunies à Manchester House par lord Hartford et par son héritier sir Richard Wallace, il y avait là des merveilles dont on ne trouvera plus l'équivalent ».

Souhaitons que nous n'aurons plus à déplorer semblable négligence. J'ai tenu à signaler ces merveilles de l'ébénisterie française, auxquelles s'ajoute peut-être un puissant intérêt historique.

⁂ ⁂ ⁂

Au Musée de Versailles

A propos des meubles remarquables que j'ai présentés aux lecteurs trois questions peuvent être posées :

1º Sont-ce bien des meubles style Louis XVI ?
2º Ont-ils été faits pour Marie-Antoinette ?
3º Sortent-ils des appartements de la reine ?

J'ai déjà dit que ces merveilles de l'ébénisterie française étaient bien de la meilleure période Louis XVI. Aucun doute n'est permis à cet égard : les critiques les plus compétents, les fonctionnaires les mieux placés pour comparer les époques et les styles sont unanimes à dire avec moi que l'hypothèse d'un truquage aussi habile que difficile est absurde.

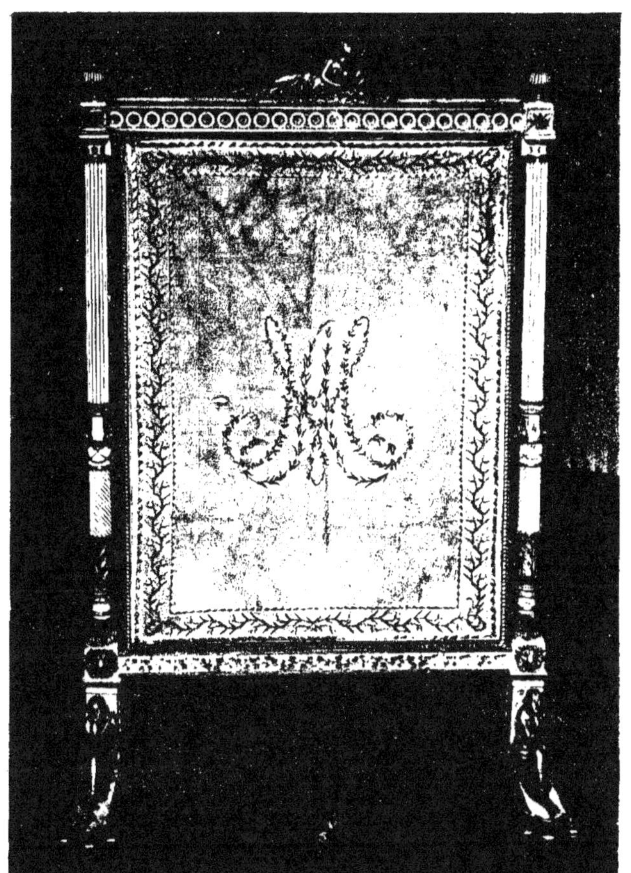

2. — ÉCRAN VU DE FACE

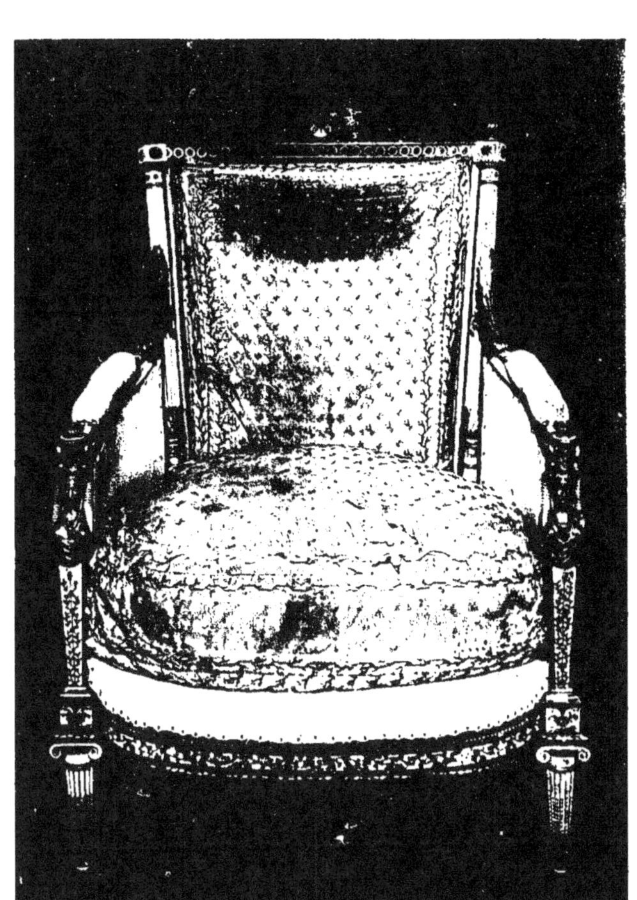

3. — BERGÈRE

Restent donc les deux autres questions auxquelles, sans
être affirmatif, j'avais répondu par de fortes présomptions.
Que fallait-il faire pour rendre ces présomptions plus fortes
encore ?

Tout bonnement ce que j'ai fait : mettre les meubles
dont s'agit dans le cadre d'où ils semblent avoir été enlevés.

En présence du conservateur du musée, M. Pierre de
Nolhac, et du conservateur-adjoint, l'opération a été faite.
C'était, je crois, le meilleur moyen de juger par compa-
raison et d'avoir, sinon une preuve certaine, d'ailleurs
impossible, tout au moins une impression favorable ou
défavorable à la destination de ces meubles.

Or, dans la petite salle blanche et or dont j'ai parlé, non-
seulement ils semblent être à leur place, mais rien, ni
dans les couleurs, ni dans l'exécution des moindres
détails, ne détone sur l'ensemble de l'ornementation de la
pièce.

Les motifs de la cheminée et ceux du fauteuil sont les
mêmes. Sur les parois des murs, sur les panneaux des
portes, on voit des guirlandes de fleurs ressemblant exactement à celles qui ornent le bois sculpté. Même dessin,
même minutie d'exécution.

D'autre part, il n'existe pas, dans cette chambre, un
mobilier s'harmonisant aux boiseries. Cependant, il est de
toute évidence que ce mobilier a existé. Je viens donc dire
que nous sommes en présence de concordances troublantes
qui me permettent d'affirmer une fois de plus que l'hypothèse de l'origine et de la destination de ces meubles est
des plus admissibles.

Lucien KLOTZ.

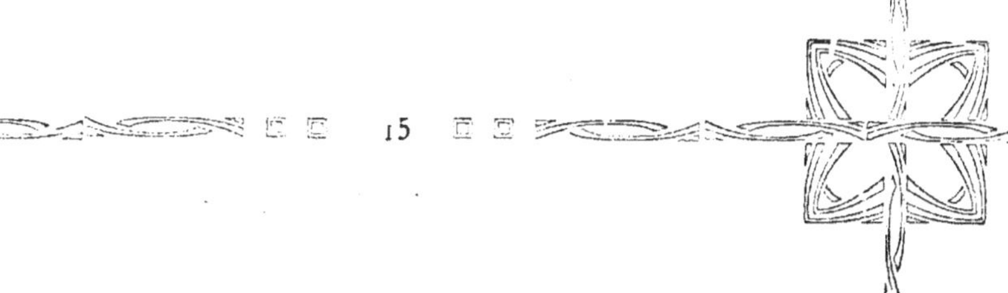

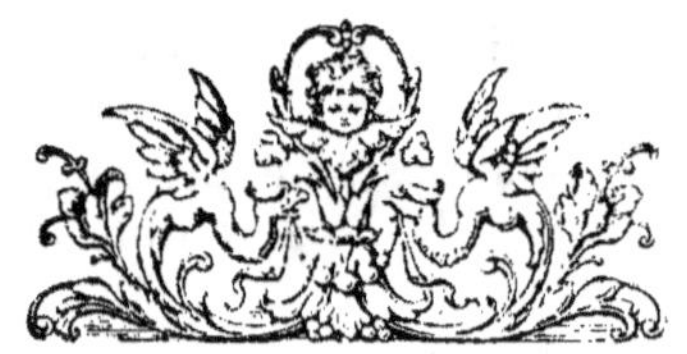